MW01635451

LE PIÈGE DE L'OSSUAIRE

Gérard Streiff

Histoire et Société

« La guerre, un massacre de gens qui ne se connaissent pas au profit de gens qui se connaissent mais ne se massacrent pas. »

PAUL VALÉRY

Chapitre I

Éric s'étouffe. Chaque pas l'arrache du sol, ses bras moulinent, un point de côté le transperce. Ça fait un bout de temps, maintenant, qu'il court avec ces deux zèbres à ses basques, il ne s'est pas retourné mais il sent bien qu'ils ne sont pas loin. Leurs cris lui répètent qu'il faut accélérer.

Sec et nerveux, Éric a tout du modèle réduit. Ce petit gabarit, court sur pattes, taille fine, pourrait faire penser à un colibri, cet oiseau minuscule perpétuellement agité. Sa mobilité, sa rage, sa rogne, en effet, sont inversement proportionnelles à son volume. David harcelant Goliath, il aime provoquer les plus grands que lui, se prouver qu'il les vaut bien, les battre si possible. Éric est de la famille des teigneux. C'est encore ce qu'il vient de démontrer avec les frères Horner, des jumeaux qui, pris ensemble, font facilement quatre fois son poids. Il faut dire qu'il appartient à la bande du Plateau, et les Horner sont du groupe du Parc ; quand ces mondes se croisent, ça fait des étincelles, forcément. C'est dire si l'idée d'Éric d'aller chahuter les jumeaux dans « leur » parc, leur territoire, alors qu'ils faisaient leur business, n'a pas été appréciée. Non content de faire fuir leur client, il a piqué au passage l'iPhone d'un des frères. Ces deux buffles sont très en colère.

Chaud devant ! Façon de parler, parce que l'air de novembre est vif, et notre sprinter expulse des petits nuages de buée à une cadence machinale. Un peu comme une cocotte-minute qui lâche la pression. Il a intérêt à dégager vite fait ; il a beau être batailleur, il ne tiendrait pas un quart de round face à ses deux pisteurs. Il sort du parc comme une fusée, descend un sentier, enchaîne par la rue de Jalapa. Les autres ne le lâchent pas.

La nuit est tombée sans faire de bruit. Les réverbères font de petites flaques de lumière orangée de loin en loin ; le coin est plutôt calme, un quartier de pavillons coquets repliés sur eux-mêmes. Il n'y a personne en vue, pas un chat, que lui et sa mini-meute. Éric s'écarte brusquement de la chaussée, bifurque sur sa gauche et plonge dans des fourrés ; il traverse des haies, se griffe à des buissons épineux, se heurte vite à un grillage qu'il n'a pas vu venir, qui n'était pas au programme. Il l'escalade avec l'ardeur du sauve qui peut, enjambe l'obstacle, se laisse tomber de l'autre côté. Il est où, là ? Le garçon ne reconnaît pas le coin. Il dérape le long d'un fossé et, sans transition, part à l'assaut de la petite pente qui lui fait face alors que l'écho des barbelés lui confirme que ses pisteurs s'attaquent déjà à la clôture.

À quatre pattes, comme un petit animal survitaminé, il aboutit à une plateforme blafarde sous la lune. Le lieu a la taille de deux terrains de basket, pour dire vite. C'est comme un parking au milieu de nulle part, une scène désertée, un héliport sans hélicos. En tout cas, le coin est incongru, d'autant qu'aux quatre côtés trônent d'étranges sentinelles, de drôles d'insectes géants, avec roues, fût, culasse et tout le tremblement : des canons !

Éric se sent coincé ; les jumeaux viennent de passer le grillage. C'est alors qu'il devine, presque au ras du sol, une sorte de cheminée ; pas le temps de se demander s'il est raisonnable de jouer au Père Noël, il se glisse dans le trou les pieds devant ! C'est de la folie, mais il n'a pas le choix. Le goulet est étroit, ça frotte un peu mais le gamin est fin ; ça passe. Il chute.

Chapitre II

La réception est brutale. Éric ne tombe pas de haut, moins de trois mètres peut-être, mais, à l'arrivée, c'est du dur, il se ramasse mal. Au-dessus de lui, il entend ses poursuivants qui enragent. Avec leur taille XXL, ils n'ont pas vraiment le format pour le suivre dans sa glissade. Vue du sol de cette tanière totalement obscure où il vient d'atterrir, l'ouverture du puits forme un cercle à peine plus clair. Deux taches s'agitent dans la lune, les têtes des jumeaux

— Bolosse, mon portable !

— Minus, dis adieu à ton père !

— T'es mort, bâtard.

— Tu sors plus de là, compris ?

— T'es tombé en enfer, bouffon !

— Adieu, cadavre.

Éric comprend qu'il est hors de portée des deux nuisibles ; il oublie sa position plutôt inconfortable, son coccyx tordu, sa jambe qui le lance et il se met à narguer les jumeaux qui, de leur côté, continuent de l'injurier copieusement. Chacun fait montre d'un vocabulaire fourni ; tout le monde surjoue, on se croirait dans une série télévisée américaine. On cherche les mots qui vont faire le plus mal et on les trouve. « Ta mère ! », « Ton père ! » et autres rimes. Le face-à-face dure, ça crépite de chaque côté. On dirait des Kalachnikovs sur pattes. Puis ça cesse, tout d'un coup. Silence. Un coup de fatigue ? Un gong aurait-il sonné quelque part la fin de la partie ? Les jumeaux ont-ils pris froid ? Éric vient-il de réaliser qu'il était perdu ? Les belligérants s'offrent une trêve. Les deux frères disparaissent du plafond et Éric découvre tout à coup que sa cheville droite lui fait atrocement mal. Il demeure aux abois encore tout un temps, puis finit par rentrer ses griffes.

Ses yeux s'habituent à la pénombre, il tente de deviner les contours de son asile. Une légère lueur tombe du boyau par lequel il est arrivé ; il devine dans les ténèbres un espace, sur sa droite et sur sa gauche. Un couloir ? Où est-il ? dans une cave ? une grotte ? un souterrain ? une cache secrète ? En dehors du trou qui le chapeaute, le lieu semble clos, calfeutré ; l'écho du moindre de ses mouvements lui est renvoyé aussitôt. Il fait froid, un peu moins froid peut-être que dehors. Par réflexe, le garçon cherche le portable taxé, mais l'appareil est comme sa cheville, il a souffert de la chute ; écrasé sous son poids, il est HS.

Ce n'est décidément pas son jour. Ou sa nuit ; il ne doit pas être loin de 20 heures. Adossé au mur, il soupire et masse lentement son pied en feu. Il pense à son père, retrouve peu à peu son calme, s'engourdit puis s'endort.

Chapitre III

Éric monte à l'assaut d'un mur qui ressemble à un écran géant d'iPhone ; il passe d'icône en icône, où chaque fois surgit la tête furieuse d'un frère Horner. Le garçon dérape, se rattrape, s'élève encore ; le mur devient grille, une clôture interminable qui file jusqu'au ciel. Agile comme un singe, il grimpe de plus en plus à l'aise ; tout à son effort, il remarque trop tard l'araignée géante qui lui fait face ; le grillage est sa toile, Éric s'y englue. Déjà la bestiole l'emmaillote, l'enlace dans ses fils, un vrai cocon qui va l'effacer, carrément, le gommer.

*

Le garçon se réveille, paniqué. Mais la réalité n'est guère plus rassurante. Il fait jour, si l'on peut dire ; une lumière pâle tombe du trou au-dessus de lui, pile poil sur son visage, comme un projecteur faiblard. Éric se redresse, courbatu, douloureux et se rappelle les événements de la veille au soir : le parc, les jumeaux, l'embrouille, le portable, la course, les fouillis, le grillage, l'esplanade, la cavité, la chute…

Il croit entendre des pas au fond des ténèbres du gouffre qui l'environne.

— Y a quelqu'un ? les Horner ? c'est vous ! ?

Personne ne répond. Sa cheville enflée le torture ; ça le brûle ; il lui est impossible à présent de s'appuyer dessus ; il se redresse sur sa jambe valide, en grimaçant. Un léger vertige le surprend ; il a froid, il a faim, il a soif, il a mal. Mais il doit bouger, il ne peut pas rester prostré. Il sautille péniblement sur un pied, garde l'équilibre avec les bras tendus palpant le mur. C'est un prisonnier éclopé qui inspecte sa geôle. Il se traîne lentement sur une dizaine de mètres ; là le mur fait un angle droit ; au-delà, un nouveau corridor, plus sombre encore, se dessine. Éric continue son exploration, il n'a pas d'autre solution. Plus exactement il avance, lentement, dans cette sorte de tunnel. Au bout d'un temps indéfini, il heurte une surface en acier, glacée ; il comprend qu'il s'agit d'une porte, monumentale. Il en palpe comme un aveugle les contours. Ses mains devinent ensuite un panneau électrique ; il actionne prudemment différents boutons. À la quatrième tentative, miracle : une lumière, tamisée, éclaire tout le couloir à espaces réguliers. Des ampoules, masquées par des caches, diffusent une lueur douce, indirecte comme dans certains lieux de culte, dans des spectacles ou des veillées. Éric en éprouve un nouveau malaise. Il se sent projeté dans un autre temps, un autre monde, en contemplant cette longue galerie voûtée, formée par une série de croisées d'ogives. Par endroits, le bâtiment a un peu souffert, on devine des crevasses, des pans de murs qui s'effritent, des écoulements d'eau. Le décor lui fait penser à la crypte du château de Moulinsart, où Tintin, dans *Le Secret de « La Licorne »*, se retrouvait prisonnier. Tintin se servait d'une poutre comme d'un bélier pour enfoncer le mur. Mais Éric n'est pas Tintin, il n'a pas de poutre et on n'est pas à Moulinsart. On est à Champigny-sur-Marne. Mais où, à Champigny, se demande le garçon. Il ne comprend pas, il passe régulièrement dans ce quartier, près du parc, il n'avait jamais prêté attention à cet endroit, à cette plate-forme, à ce puits… Il ne les avait jamais vus. Il comprend qu'il doit être à mi-chemin, à vol d'oiseau, entre la Marne et BLB, Bois-l'Abbé ; il est en pleine ville donc, ou presque, il n'y a pas de quoi paniquer. Et, pourtant, il a le sentiment d'être au fond d'un trou, abandonné très loin des siens, de tout. La ville est peut-être de l'autre côté de la porte, mais ce monde lui est devenu inaccessible. Il tambourine, appelle à l'aide, ça ne sert à rien ; ses coups résonnent à peine, ses cris restent bloqués dans ce gouffre.

Il tremble, de froid, de faim, de peur. Sous le panneau des interrupteurs, sur un guéridon, des brochures jaunies se gondolent ; il en prend un exemplaire et va retrouver sa place, sous le puits d'aération, tirant sa cheville comme un boulet. Il a passé un temps fou dans ce misérable aller et retour dont il ressort épuisé. Quelle heure peut-il bien être ? Il fait jour dans la petite lucarne mais on est le matin, l'après-midi ? Et puis il y a pire que la fatigue, le froid, la faim : il ne comprend pas ce qui lui arrive. Serait-il tombé dans une prison secrète ? une église clandestine ? un château méconnu ? le QG d'une secte ? ou dans des oubliettes ? Oubliette, le mot est léger mais l'idée est affreuse : un lieu où l'on vous jette et où l'on vous oublie, où vous pourrissez sur pied. Et lui, l'idiot, il s'y est jeté de lui-même ! Un étourdissement le laisse désemparé.

Chapitre IV

Anéanti, Éric passe le temps à demi allongé, regardant, hébété, le trou de la « cheminée ». Il semble en attendre son salut ; il implore les jumeaux de se manifester à nouveau : il fera amende honorable, demandera pardon, il acceptera tout ce qu'on lui proposera, remboursera le portable, avec des intérêts si nécessaire, il reniera sa bande, la quittera, la trahira pour celle du Parc, tout, il acceptera tout pourvu qu'on le sorte de là.

Mais les frères – Éric s'aperçoit alors qu'il ne connaît même pas leurs prénoms – l'ignorent. Serait-ce leur punition ? Le laisser croupir, moisir, rancir dans cet espace ?

Et son père, est-ce qu'il va se bouger, son père ? S'est-il seulement aperçu de sa disparition ? Un mois sur deux, Éric vit chez son géniteur, Claude, en ville. Le reste du temps, il est chez sa mère, en province. Claude est routier, autrement dit il n'est jamais à la maison. Enfin si, il est là mais sur le répondeur : « Riri, suis à Arras, je rentre tard, fais-toi à manger, m'attend pas… » ou : « Riri, je monte au Havre, je rentre dans la nuit… ». Claude finira bien par remarquer son absence, Éric l'espère, mais quand ? Quand il sera trop tard ? Post-mortem ?

Une peur atroce serre la poitrine du garçon. Il n'a jamais ressenti un tel désarroi. Il faut qu'il sorte de là, de ce piège à rats. Il doit repasser par le puits, dans l'autre sens, cette fois ; il n'a aucun support, pas de chaise ni d'escabeau, aucune pierre, aucun bloc, rien pour s'élever. N'empêche. Il se redresse, claudiquant, prend un pauvre élan, gueule comme un putois et saute pour s'agripper aux parois du puits. Il se dit qu'il va plaquer ses deux mains de part et d'autre du passage, comme la furie qu'il sait être quand il veut ; il va y planter ses ongles, griffer le mur, et, porté par le plus noir désespoir, il devrait pouvoir s'élever millimètre par millimètre ; il y mettra même les dents, s'il le faut. Il rêve, il divague. Car tout ce qu'il réussit à faire, c'est un petit saut misérable, un petit mouvement ridicule de rien du tout. Il croyait donc qu'il allait s'envoler ? Il retombe lourdement sur sa cheville explosée et hurle de douleur.

Chapitre V

C'est la nuit, la deuxième qu'il passe dans ce trou. La deuxième ou la troisième nuit ? Il s'y perd un peu. Éric ne dort pas vraiment, il somnole, il a trop froid, trop faim, trop mal. Il pique du nez puis se réveille brusquement. Qu'il rêve ou qu'il soit éveillé, finalement, ça ne change pas grand-chose, c'est le même cauchemar qui se prolonge.

Il fait clair, à nouveau ; les étourdissements se répètent. Par moments, ça bourdonne un peu dans ses oreilles. Éric ne sait déjà plus quel jour on est : lundi ? mardi ?

Il retrouve la brochure récupérée près de la porte, s'oblige à la parcourir, sans conviction, car il veut rester éveillé. Il faut qu'il demeure sur ses gardes, sinon, il le sent bien, il va sombrer. Pour de bon. Alors il se force.

Il a déjà vu ce genre de situation dans des films, le héros ne doit pas dormir sous peine de mourir… Il doit lire.

Le texte commence par : « On a attaqué le 30 novembre à l'aube… » Selon la préface, c'est le journal de bord d'un certain Albert Guiquet, du 42e Ligne ; il était dans le sac abandonné d'un fantassin, sur le champ de bataille. L'histoire raconte trois jours de furie, ce qu'on appelle la « bataille de Champigny ». Il y est question d'une guerre lointaine, d'un empire agonisant, d'une République toute nouvelle, de Prussiens méthodiques, d'assauts meurtriers, d'officiers imbéciles, d'un froid d'enfer, de milliers de morts, de canons renversés, d'une armada de chevaux éventrés. L'horreur.

Difficile pour Éric de se concentrer. Les lignes du texte sautent, il relit deux fois les mêmes phrases, il s'assoupit, se réveille, se rendort. Il lit encore. Un petit bruit le sort de sa torpeur, quelque chose de régulier, un peu comme un métronome ou le tic-tac d'une horloge. Les frères Horner ?

— C'est vous ? Vous êtes là ?

Silence. Le martèlement continue. C'est un goutte-à-goutte : il s'est mis à pleuvoir et, par le trou d'aération, l'eau heurte le sol, tout près de lui. Le garçon lève la tête, devine un ciel mouillé, entrouvre les lèvres, ajuste sa position, comme un oisillon qui attend sa becquée ; la pluie lui tombe dans la bouche, caresse sa langue, glisse dans la gorge, la sensation est incroyablement délicieuse, il se détend un peu. Dans un recoin, il repère un vase vide, le nettoie vite fait et le place sous l'ouverture. Doucement, le récipient se remplit. Éric est fier de sa trouvaille, il se frictionne, pour se réchauffer, pour retrouver son équilibre ; il est sur le point de s'engourdir une fois encore quand il entend :

— Au moins, tu ne vas pas mourir de soif, c'est déjà ça !

Chapitre VI

Qui parle ? Éric n'est pas seul ?

— C'est vous ? Les Horner, c'est vous ? Répondez, c'est pas drôle !

Pas de réponse. À qui appartient cette voix ? Une voix d'adulte, un peu traînante. Le garçon s'affole ; le couloir semble pourtant vide. Il s'applique, plisse les yeux, se tord la nuque, scrute un peu partout et, finalement, il LE voit. Un homme est adossé au mur, à quelques mètres de lui, qui le regarde.

Il porte une large casquette rouge qui ne parvient pas cependant à domestiquer son imposante chevelure d'un noir corbeau ; ses yeux brillants occupent l'essentiel de son visage, dont la pâleur est accentuée par une barbe de quelques jours ; ses vêtements sont froissés, une vareuse, longue veste bleu sombre, boutonnée, des pantalons d'un rouge vif. On pourrait lui trouver un petit côté orgueilleux s'il n'était pieds nus et s'il ne gardait les bras croisés, les mains aux coudes, dans la position de quelqu'un qui a froid.

Éric a un violent mouvement de recul ; il a peur mais ne veut pas se l'avouer ; il crâne, il défie :

— On se connaît ?

— Pas vraiment.

— Vous êtes qui ?

— Un résident.

Éric pense aux gens de la rue. Un SDF, un squat, il comprend : il se trouve dans un abri de SDF. Il soupire, il va donc s'en sortir plus vite que prévu.

— Et… vous êtes là depuis longtemps ?

— Longtemps, oui.

— Mais… vous sortez ?

— Jamais !

— Jamais ?

— Il fait froid, non ?

— Très froid. Mais vous devriez sortir un peu, tout de même.

Ils font les présentations.

— Albert.

— Éric.

Ils se regardent, se calculent, se détendent progressivement ; il est trop tôt pour s'apprécier mais ils tentent déjà de s'apprivoiser.

— Vous n'auriez rien à grignoter ?

— Un biscuit, mais il est sec, je te préviens, et puis il donne soif !

— C'est quoi, ici ?

— Comment ça, c'est quoi ? Tu ne connais pas ?

— Je suis tombé ici, enfin… chez vous, complètement par hasard. C'est un squat ?

— Rien n'est indiqué, vraiment ?

— Dehors ? Non, au contraire, tout est bien caché, mais vous avez raison de rester discret.

— L'ossuaire est caché ?

— L'ossuaire ? Ça veut dire quoi ?

— Tu plaisantes.

— Pas du tout.

— Je te rappelle rien ?

— Ben, vous ressemblez un peu à un cow boy…

— Et toi à un « apache ».

— Un apache ? Un Indien ?

— Non, un petit voyou, des faubourgs ! C'est comme ça qu'on les appelait… de mon temps.

Éric réagit à l'attaque :

— Vous, on dirait que vous êtes déguisé ; ou alors vous faites du théâtre ?

— Le théâtre des opérations, peut-être ? Non je plaisante, je suis soldat, un lignard.

— Lignard… ?

— Un fantassin si tu préfères.

— Un soldat ? Avec ces sapes ? Ici ? Et puis vous avez pas de chaussures, c'est normal ?

— Normal, quand on est mort, oui.

— Pardon ?

— Les souliers, les chaussures, les bottes, les bottines, les brodequins, les godillots, c'est une denrée rare ; quand on est tué au combat, c'est un peu toujours comme ça, on se fait voler les chaussures ; c'est pas méchant, faut comprendre.

— Parce que vous êtes mort ?

— Comme les autres.

— Quels autres ?

— Les autres résidents ; on est près de 1 500 ici !

— 1 500 ? morts ? ici ?

Chapitre VII

— Ma parole, mais tu parles tout seul, bolosse ?

— T'es le roi des oufs, toi ? !

Les Horner sont de retour. Ils devaient écouter la discussion depuis leur promontoire.

Éric les entend à peine, il n'a même pas le réflexe de les supplier. Il est abasourdi par l'échange qu'il vient d'avoir avec le lignard, il en a le tournis. Trop d'informations en trop peu de temps, son esprit fatigue. Et puis il n'aime pas le sens de l'humour de ce va-nu-pieds, il va le lui dire. Pour l'instant, il doit récupérer et s'adosse au mur. D'ailleurs Albert est devenu invisible.

— Loser, tu manques à personne, tu sais, lui crache un des jumeaux.

— Au collège, on a dit que t'étais reparti chez ta mère.

— Personne n'a moufté ! Aucune meuf ! Mec, t'es pas le prince des tombeurs, juste celui des tombes !

— Les profs, eux, savent déjà plus à quoi tu ressembles, c'est dire.

— Ni vu, ni connu, t'es déjà effacé de la Terre, compris ?

— Bouffon, va ! Je vais te dire : personne te calcule!

Les deux hyènes ricanent puis s'éclipsent.

Chapitre VIII

Le lignard est revenu. Éric ne saurait dire s'il s'est absenté longtemps, une heure, vingt-quatre heures ? Mystère. Mais il est là, c'est lui qui réveille le garçon :

— Vraiment tu ne connais pas le coin ? Alors, fais-moi plaisir, laisse-moi te faire visiter notre résidence.

Éric se dit qu'il devrait tutoyer son visiteur, mais il n'ose pas, l'autre l'intimide avec sa tenue, son allure d'ancien combattant. Le soldat lui offre son bras, le garçon veut s'y accrocher mais son geste ne rencontre que du vide, il traverse le corps du lignard, touche le mur. Serait-ce un hologramme ?

Le soldat ne remarque pas la surprise du garçon. Fier de son rôle de guide, il se présente cette fois un peu plus officiellement :

— Albert Guiquet, du 42e de Ligne.

— Éric Lebrun, de la bande du Plateau.

— Les Guiquet sont des paysans. De Mayenne. Moi, je suis l'érudit de la famille ! Et si je suis entré dans l'armée, c'est pour remplacer un riche.

— Remplacer un riche ?

— Ça lui a coûté 1 500 balles, au cossu, qu'il a versé aux miens, et j'ai pris sa place, dans les rangs.

Éric découvre. Albert continue :

— La guerre, c'est la vie, non ? On passe notre temps à détruire pour reconstruire. C'est la nature qui veut ça, tu ne crois pas, Éric ?

Le garçon n'a pas vraiment d'opinion. On dirait que plus rien ne peut l'étonner vraiment. Son soldat est transparent, il lui raconte de drôles d'histoires et Éric opine, comme si tout cela était parfaitement ordinaire.

Le lignard lui fait faire le tour du propriétaire.

— Cette crypte est un long couloir voûté en forme de U dont les trois côtés sont de même longueur, annonce le militaire : elle doit faire au total quelque 70 mètres. Aux deux extrémités, elle donne sur une haute porte métallique.

Albert s'offre une courte pause, pour laisser ses renseignements s'installer, peu à peu.

— Le monument est surmonté d'une chape avec des canons aux quatre coins et un obélisque.

Le garçon se souvient des drôles d'insectes qui quadrillaient la plateforme lorsqu'il y est arrivé en catastrophe.

— La crypte est divisée en 33 compartiments, qui correspondent à autant de caveaux.

— Caveaux ?

— Des tombes collectives, si tu veux. Là s'entassent les dépouilles de 1 007 Français et de 377 Allemands.

Éric ne comprend pas vraiment l'information ; simplement, lui qui a toujours aimé les chiffres et les a bien apprivoisés, enchaîne :

— Soit… 1 384 crânes ? ! Ou… 2 768 tibias ? ! Ou encore… 13 840 doigts ? ! Que d'os !

— Grosso modo, oui. Si tu veux. Mais tu sais, ou tu ne sais pas, la charpente de certains de ces pauvres bougres a été parfois si malmenée qu'il peut leur manquer des bouts, même de gros bouts. Emportés par un obus, sectionnés par un coup de baïonnette, écrasés sous le sabot d'un cheval…

— Français, Allemands ? réagit avec un temps de retard Éric. C'étaient deux bandes en somme ?

Impassible, Albert continue ses commentaires, comme s'il n'avait rien entendu.

— Sur chaque caveau, une plaque de marbre, au mur, rend hommage à tel régiment de ligne, au 4e de Zouaves…

— Des zouaves ? des bouffons ?

— Les zouaves ou turcos étaient l'armée d'Afrique, des soldats africains ; ils portaient une tenue du tonnerre, chéchia rouge à gland bleu, veste bleu de ciel, large pantalon rouge à bandes bleues, ceinture de laine rouge, chaussures noires et guêtres blanches. Dans ces uniformes, ils étaient beaux comme des princes, mais pas forcément à leur place dans ce bourbier où on s'était gelé cet hiver-là.

— Rebeus et Renois, comme à la parade.

Le lignard s'étonne. Rebeus ? Renois ? Le gamin s'explique.

— D'autres plaques, ajoute Albert, sont dédiées aux gens de l'artillerie, aux mobiles, à des officiers, ici à « quatorze braves », mais aussi à des noms allemands, à Max von Roeder, par exemple.

— Français et Allemands sont ensemble ?

— Ils sont mélangés, oui, dans la mort ; et s'il fallait aujourd'hui les départager, bien malin celui qui saurait reconnaître un monsieur « Choucroutman » d'un monsieur « Chauvin »(1).

— Choucroutman ? Chauvin ? C'était des vrais noms ?

— Disons que c'était ainsi qu'on se moquait les uns des autres à l'époque.

1 . Cf. Annexes en fin d'ouvrage.

Sur le côté central du U majuscule, en son milieu, tout près du puits de lumière, un renfoncement marque la place d'un autel ; des gerbes semblent déposées là depuis toute éternité. Le garçon sourit :

— Choucroutman ? ! Vous n'auriez pas pu trouver autre chose, non ? Ça fait balourd.

— Mais c'est fait pour !

— Et Chauvin, ça veut dire quoi ?

— C'était le nom d'un soldat de Napoléon, Nicolas Chauvin, un cocardier, un borné ; il a donné son nom à tous les fanatiques, les xénophobes.

— O.K., je vois.

Sur le mur qui fait face à l'oratoire se croisent deux longues lances, redoutables, avec l'étiquette « *Lance de cavalerie, modèle 1823* ».

Le garçon est de plus en plus perplexe. Il écoute son hôte, fantôme de fantassin, et se demande toujours où il est. C'est quoi, au juste, ce musée ? l'arrière-boutique d'un marchand d'armes ? la planque d'un serial-killer qui tuait à l'ancienne ? à coups de lance ? Choucroutman contre Chauvin : une guerre des gangs à la grand-papa ?

N'importe quoi !

Arrivé près de l'installation électrique, Albert désigne au sol des boules d'acier :

— Des obus !

Sur le guéridon, les brochures que le garçon a déjà vues.

— Ma vie, mon œuvre, ma mort ! commente le guide.

Chapitre IX

Éric ouvre un œil, il a un goût de terre dans la bouche, toute la partie gauche de son visage est douloureuse. Où est-il ? C'est quoi cette odeur qui lui pique le nez ? Sa position est étrange. Il réalise : il est à terre, de tout son long. Sa tête a heurté le sol. Pourquoi ? une bagarre ? avec les Horner ? Non, il a dû avoir un nouveau vertige, chuter, il ne s'en souvient pas vraiment.

Cette cave ténébreuse, ce soldat fantomatique, ces monticules de squelettes tout proches, est-ce qu'il hallucine ?

Peu à peu, il reprend possession de son corps. Éric ne s'est jamais senti aussi faible. La fièvre le fait grelotter. Il a mal, il a faim, il a froid. Il se redresse, lentement, récupère le vase rempli d'eau, il boit, s'asperge la face. Il ne doit pas dormir.

La solitude lui pèse. Un nom lui revient à la mémoire.

— Monsieur Albert ?

Chapitre X

— Je suis là, répond le lignard.

Rassuré, le garçon a envie de lui dire qu'il appartient lui aussi à une bande, mais il ne se sent pas vraiment la force de fanfaronner ; il demande simplement :

— Pourquoi ?

— Pourquoi quoi ?

— Pourquoi tous ces os, ces armes, ces plaques, tout ce cérémonial…

Et il désigne d'un mouvement de tête la nécropole.

— Parce qu'on s'est entre-tué ici comme des fauves !

— C'était quand ?

— En 1870.

— Ça remonte à loin ?

— Disons à ton arrière-arrière-arrière-grand-père…

— Ça remonte quand même !

— Je t'explique : on a attaqué le 30 novembre à l'aube…

Albert faisait la guerre depuis plus de trois mois déjà. C'est une façon de dire car il avait passé plus de temps à attendre ordres et contre ordres qu'à se battre réellement ; trois mois où il n'avait cessé de reculer, depuis le Rhin jusqu'à Paris. Via Wissembourg, Sedan. Prisonnier dans les Ardennes, il avait pu s'évader et revenir, vaille que vaille, dans la capitale. Cantonné depuis en ville, il commençait à trouver le temps long ; aussi, l'idée fin novembre de repartir au combat lui plut. On devait, dit-on, enfoncer le front prussien, rejoindre l'armée de la Loire et, tous ensemble, chasser l'envahisseur.

Le 28 de ce mois-là, Albert bivouaquait avec les siens dans le bois de Vincennes. La grande offensive était pour le lendemain, lui répétait-on. Mais la Marne était en crue, il fallut tout repousser à la nuit suivante ; d'ailleurs une première opération de reconnaissance avait tourné au fiasco. Ce n'était pas une mince affaire de faire passer, discrètement, 80 000 hommes sur des pontons de fortune. Mettre en mouvement la 2e armée, c'était déployer des dizaines de milliers de fantassins, mettre en branle l'artillerie, rassembler tout le fourbi nécessaire… Sous le commandement du général Ducrot, qui n'était pas une flèche, dixit Albert.

— … Et puis, ces jours-là, on a deux ennemis, en vérité, le Prussien et le froid. Un froid terrible, un froid de canard, comment expliquer ? Il a fait jusque moins 14°C la nuit, et on n'est pas habillé pour une froidure pareille ; nos vareuses et nos pantalons ne font pas l'affaire. On n'a même pas de couverture alors qu'il vente, neige, que le gel torture les arbres, et les hommes. C'est donc par une nuit glacée, celle du 29 au 30, que se fait la traversée.

La tête d'Éric dodeline. Il imagine cette immense transhumance, un spectacle qui soudain s'inscrit sur la paroi de la crypte, comme sur un écran géant. Sur des pontons faits de barques assemblées, du côté de Joinville, défilent des dizaines de milliers de fantassins, lignards, zouaves, mobiles, soldats et officiers, en rangs serrés, suivis par l'artillerie avec leurs équipages au grand complet, chevaux qui tirent des centaines de pièces de batterie, conducteurs et servants qui tranquillisent les bêtes, puis voici les caissons, les prolonges, les fourragères, les forges, et encore une armada de voitures, de chariots, un sombre et long défilé. On est toujours à la limite de l'engorgement, ou de la chute, et contraint au silence de peur de se faire repérer. Il paraît que, pour détourner l'attention des Prussiens, quelques attaques ont été conduites sur les flancs de l'ennemi. Des leurres, comme on dit : on fait du bruit à droite mais on attaque à gauche. Cela dit, peut-on cacher à l'adversaire un tel mouvement d'hommes ?

— Une première vague attaque à l'aube, en fait il fait encore nuit, assure Albert à voix basse comme s'il avait peur d'oreilles indiscrètes, comme si c'était toujours secret défense : Au début, on ne rencontre pas une trop forte résistance, on entre dans Champigny dont on chasse les Saxons.

« Jusqu'ici, tout va bien », pense Éric qui fait effort pour écouter le topo du lignard. Ses yeux clignotent, comme pour dire qu'il suit, mais parfois des mots du soldat lui échappent.

— Je fais partie de cette première vague d'assaut ; malgré la nuit ou ce qu'il en reste, malgré le froid, jusqu'ici tout va bien, c'est vrai. En même temps, je me dis dès cet instant – je ne sais pas pourquoi – que, pour moi, c'est la bataille de trop, que je n'en sortirai pas vivant.

— Pourquoi avez-vous cette idée ?

— Je n'en sais rien, une intime conviction. C'est idiot, non ? À la première halte, j'en fais part à Maurice Levasseur, avec qui j'ai fait toute la campagne, on était ensemble à Belfort, sur le Rhin, à Sedan, à Paris.

— Il dit quoi ?

— Il me chahute, me fait taire, s'énerve même, il dit

que je vais lui porter la poisse. Alors, je me tais, mais je n'en pense pas moins.

*

Toute une partie de la 2e Armée vient donc de passer la Marne, et le général Ducrot installe à Champigny, à la ferme de Polangis, son camp de base. Sur cette rive, le terrain s'élève assez rapidement. L'essentiel des forces commence à monter, à main droite, vers les coteaux de Cœuilly et de Chennevières ; à main gauche, la route depuis Paris bifurque à un endroit appelé la Fourchette de Champigny ; un des deux chemins traverse la ville, l'autre grimpe vers Villiers par le bois du Plant. C'est là que passe aussi le chemin de fer de Mulhouse, barricadé. Pas très loin se trouvent les fours à chaux.

*

— On occupe progressivement les pentes vers Villiers, on traverse le bois, on enlève la barricade sur la voie ferrée.

— Jusqu'ici tout va bien, dit tout haut cette fois le garçon.

— Oui, mais les Allemands nous attendent plus haut, où ils sont solidement installés. On arrive sur le plateau, mais une brigade du Wurtemberg a fait du parc de Villiers une place fortifiée. Ils ont eu le temps, ils sont là depuis des semaines.

*

Bercé par le récit, Éric se figure, toujours sur son grand écran, les Français qui se retrouvent face au mur du parc du village de Villiers. Il est 10 heures du matin. Le muret d'enceinte ressemble à une vraie forteresse, avec des créneaux, des meurtrières, des parapets garnis de fusils, des ouvertures pour les canons ; il ne reste que 400 mètres jusqu'à l'ennemi mais le terrain est découvert. À 11 heures, les batteries françaises se déchaînent ; le fracas couvre tout. Mais probablement que l'angle de tir ne permet pas d'ébranler le muret. En tout cas, ces tirs encouragent une première attaque du parc, mais des rafales de plomb et de fer hachent littéralement les hommes. Les fusils, mitrailleuses et canons allemands déciment les premiers rangs des assaillants. L'ordre de repli est donné, les morts et les blessés s'amoncellent, s'encombrent. Encouragés, des Allemands sortent de leur cache, à la poursuite de l'adversaire ; l'ordre est de laisser approcher le Prussien et de ne tirer qu'au moment où ils seront « à bonne portée ». À leur tour, les attaquants sont fauchés comme des mauvaises herbes, la ligne impeccable qu'ils formaient est cassée, elle recule d'un bloc et doit se replier. Des deux côtés, les pertes sont très lourdes. Mais, déjà, une nouvelle attaque française s'organise.

On entend les mêmes assauts menés du côté du plateau de Cœuilly et des hauteurs de Chennevières.

Ordre et contre ordre se succèdent entre 14 et 15 heures, un ordre de repli puis un autre de reconquête de la position ennemie. Des deux côtés, les artilleries se déchaînent. Entre 15 et 16 heures, un feu violent fait des ravages.

*

— Ducrot est en difficulté, commente Albert. Il attend le 3e Corps du général d'Exéa ; ce dernier devait prendre Villiers de revers mais il arrive avec trois heures de retard, il a erré toute la matinée de l'autre côté de la Marne, ne trouvant pas de point de passage. Autour du parc de Villiers, les assauts se répètent. C'est au tour des Zouaves de la brigade Fournès de se lancer, une fois, deux fois, trois fois. À chaque fois, ces fantassins sont repoussés, on parle de 500, de 900 morts ! Un carnage. Un abattoir. J'entends un galonné dire : « Magnifique charge ! Si elle avait eu lieu dès le matin, on aurait pu gagner à midi. » Ducrot est sur le point d'ordonner une nouvelle charge mais la nuit tombe, on est en plein hiver, ne l'oublie pas, les journées sont courtes ; l'ordre est donné : cesser la lutte, garder les positions.

Les combats cessent. Au long de cette journée, les Français ont perdu 5 000 hommes.

*

Des images passent dans la tête d'Éric. Il se représente, entre les premières lignes françaises et le mur du parc, un épouvantable tapis de corps, un amoncellement de cadavres et de blessés mêlés, alors que le froid s'aiguise encore ; ça râle, ça proteste, ça rage. C'est le chœur des moribonds. Dans un début de pénombre, des ambulanciers, costume gris et brassard de la croix rouge, courent par deux, courbant le dos, épousant les formes du terrain, à la recherche des blessés, d'hommes transportables ; des soldats sont immobiles mais ils vivent encore, il faut savoir les repérer ; d'autres crient, supplient, hurlent mais se trouvent dans un tel état qu'ils sont condamnés. Ici un lignard, bouche ouverte, a la gueule cassée, cet autre pleure sa jambe arrachée, un autre encore, les mains sur le ventre, tente de retenir ses tripes. Des fantassins des deux bords se sont entre-tués dans de terrifiants corps à corps ; les silhouettes d'hommes et les carcasses de chevaux se mélangent, les animaux sont la plupart terrassés, éventrés ; une jument, les pattes avant brisées, secoue fébrilement son train arrière.

« Il y en a trop, partout ! À quoi bon ? » se dit un brancardier, désespéré.

— Il faut le faire, soupire son collègue, qui semble avoir deviné ses pensées noires.

L'obscurité à présent est complète. On abandonne des centaines de blessés à leur sort, on va les entendre supplier pendant des heures dans le noir ; des appels en français et en allemand se croisent ; on se dit que demain, peut-être, on saura les sauver. Une étrange cavalcade se fait entendre : passe un cheval blanc, de haute taille, qui a survécu à l'explosion de sa pièce d'artillerie. Désorienté, fou de terreur, il parcourt le champ de bataille en long et en large, poussant des hennissements terrifiants ; tout à sa furie, il écrase les pauvres bougres qui se trouvent sur son passage ; il faudrait l'arrêter ou l'abattre, mais personne ne semble s'en soucier.

*

— Au soir du 30 novembre, bougonne le lignard, on occupe Champigny, des galonnés nous disent que c'est une victoire française au moral. N'empêche : on s'est cassé les dents sur les hauteurs ; comment réussir demain là où on vient d'échouer ?

Chapitre XI

— Et le lendemain, vous repartez à l'attaque ? interroge Éric.

— Non.

— Pourquoi ?

— La nuit a été mauvaise, emplie de cris, d'odeurs épouvantables, de poudre et de pourriture, la géhenne ; il a fait affreusement froid, on n'a pas vraiment d'abris, pas de couvertures ; je me suis fait une carapace avec de vieux journaux qui traînaient dans un cabanon proche, sous la chemise, le pantalon, mais ça n'a pas servi à grand-chose. Et puis on n'a rien eu à manger de chaud, que des biscuits secs. Le 1er décembre au matin, on ne reprend pas les combats !

— Mais pourquoi ? Pourquoi ne pas finir le travail, comme on dit si bien aujourd'hui.

— Les blessés sont légion, les cadavres s'empilent ; on manque de munitions, la lassitude est grande ; les Allemands non plus ne sont pas à la fête. Alors, d'un accord tacite, on se donne vingt-quatre heures de trêve pour récupérer les morts, relever les blessés.

*

Éric croit voir le champ de bataille blanc de givre sous un ciel gris plombé. Les armes se sont tues, le seul bruit est le croassement moqueur de nuées de corbeaux. Les volatiles doivent sentir qu'il y a de la charogne pour eux. De rares arbres ont échappé aux bombardements et se dressent tout secs et noirs. Les ambulanciers reprennent leur recherche des blessés qui ont pu survivre à cet enfer glacé ; les Frères de la doctrine chrétienne emportent les morts ; on va les enterrer plus tard dans de longues fosses communes, corps alignés, pieds nus. Profitant de nappes de brume qui flottent ici ou là, des ombres furtives traversent le champ de bataille, espions ? détrousseurs ? voleurs de chaussures ?

Une maison du haut de Champigny est transformée en infirmerie, où flotte une étrange odeur, mélange de chloroforme, de sang et d'excrément. Des chirurgiens coupent, taillent, cisaillent, charcutent ; il n'y a pas grand-chose pour calmer la douleur.

Des officiers font creuser des tranchées, des fortifications, on s'installe dans Champigny. Le général Ducrot pense que la trêve va durer. Il est bien le seul à le croire.

Chapitre XII

Éric est de retour au collège. Dans la cour, les couloirs, il ne reconnaît personne et personne ne le regarde. Comme s'il était devenu étranger à ses collègues, ou pire : transparent. Il retrouve sa classe, le prof ne remarque même pas son retour, ne lui fait aucune de ses remarques habituelles, du genre « Encore en retard, comme d'habitude ! » ou « Votre réveil est toujours cassé ! ». Non, aucun commentaire. Assis derrière son bureau, ou plus exactement tassé sur sa chaise, l'enseignant fixe ses potaches avec accablement.

Il fait face à une vingtaine de clones du général Ducrot, Auguste Alexandre, vingt gradés harnachés, décorés, chamarrés qui ont pris la place des élèves. Vingt intervenants confus, agités, bavards, se coupant la parole, lançant ordres et contre ordres. Les képis tremblotent.

Chacun y va de son effet de manche. « En avant ! », « On se replie ! », « Tirez », « Cessez le feu ! », « Repos ! », « Garde à vous ! », « À gauche ! », « À droite ! ». Ça part dans tous les sens, c'est du grand n'importe quoi. Dans un cliquetis de médailles, le ton monde, les clones s'interpellent : « Choucroutman ! », « Chauvin ! ». Certains se lèvent, des chaises raclent le sol. Le bruit est assommant.

Le prof tourne la tête vers Éric, semble découvrir sa présence. Il hausse les épaules, ses sourcils font un accent circonflexe. Éric opine, montre qu'il partage son désarroi. Ils se sourient, rient, hurlent de rire. Éric se réveille. Il s'est une fois encore endormi ; il se dit qu'il est devenu comme les chats, alternant veilles et sommeils à n'en plus finir.

Il retrouve le lignard qui poursuit son récit.

Chapitre XIII

— Ducrot se trompe, il s'est souvent trompé durant cette guerre. À 6 h 30 du matin, en effet, ce 2 décembre, alors qu'il fait encore nuit, que le brouillard enveloppe les hauteurs, les Allemands attaquent en masse. Ils sortent de leur retranchement, dévalent des hauteurs de Villiers, s'approchent très près, un temps cachés par la brume. De notre côté, c'est l'heure de la relève de la garde ; sous le choc, la confusion y est totale ; les premières lignes sont décimées, des campements de mobiles ravagés ; c'est le reflux général et précipité vers Champigny. Un moment, c'est véritablement le chaos, la panique, la fuite vers la Marne où il n'y a que de rares passages sur la rivière ; si des malheureux tombent à l'eau, lestés de leur énorme sac à dos, c'est la mort immédiate. Puis on se ressaisit, soupire Albert, et on va se battre partout, dans les vignes, sur les pentes, dans les premières maisons, dans les jardins. On se bat dans le bois et le ravin de la Lande, à la Plâtrière, dans le haut du village, du côté du Four à chaux, à la Batterie blanche, le long de la voie de chemin de fer.

*

Éric reprend son film sur grand écran : le front finalement se stabilise au milieu du village. On se bat rue par rue, maison par maison. Le génie fait son travail de sape, explose des murs, on passe d'une demeure à l'autre. On se bat à la Maison rouge, à la Maison verte, à la carrière.

Devant cette résistance, les Allemands lancent une deuxième attaque à 8 h 30, une troisième vers 10 heures, une quatrième à 11 heures. À chaque fois, de nouvelles vagues descendent des coteaux, accentuent la pression. Champigny est en feu, ça tire avenue de Brétigny, vers la chaussée du Pont. Ça canarde du côté de Chennevières, autour de la maison de M. Blancet.

Une compagnie tient une maison six heures durant.

Dans l'après-midi, Trochu, le chef suprême des armées, est sur place. Les pertes françaises sont énormes, 9 000 hommes hors de combat au total, mais ça résiste, l'offensive allemande est stoppée, dit-on, des renforts sont annoncés. Pourtant, le général Ducrot décide de repasser la Marne, direction Paris.

*

— Il avait juré qu'il ne rentrerait à Paris que mort ou victorieux ! Il rentre, vif et battu, ricane Albert.

Chapitre XIV

— Et vous ?

— Moi ?

— Oui, vous le lignard du 42e, Albert Guiquet. Que vous est-il arrivé ?

— Je ne sais plus, le trou noir, si tu me permets ce mauvais jeu de mots. Je disparais dans la tourmente de ce 2 décembre après-midi. Remarque, je savais que cela se terminerait ainsi, je m'y attendais, je ne suis donc pas vraiment surpris. Suis-je traversé par une baïonnette sur les pentes de Villiers, ou frappé par une balle près de la Maison verte ou assommé à côté du pont ? Me suis-je noyé ? Suis-je mort de froid ? Ou écrasé par un cheval ? Tout de même, 700 de nos chevaux ont péri dans ce carnage, te l'ai-je dit ! 700, pauvres bêtes sacrifiées à notre folie. Que l'une ou l'autre écrase dans sa chute un militaire, ce n'est que justice, non ? Enfin, je m'égare. Je sais que j'ai perdu mon sac en milieu de journée. Mon sac qui contenait mon carnet. Pour le reste…

Le dernier souvenir qu'Albert conserve, c'est qu'il grelotte, il a beau courir, il a beau se battre, tirer, armer son Chassepot, tirer encore, enjamber des murets, courir, passer d'un incendie à un autre, il grelotte.

Et il disparaît. Comme la 2e Armée qui, profitant à son tour de l'épais brouillard, d'une vraie purée de pois, repasse la Marne sans être vue des Prussiens.

Chapitre XV

Le brouillard s'est installé aussi dans la tête d'Éric. Dans de brefs moments de lucidité, il se dit qu'il ne pourra jamais raconter cette épopée à ses potes de collège. Il les entend déjà s'esclaffer ; on va le prendre pour un débile. Un débile qui délire. Une cave ? Une guerre ? 15 000 victimes ? 700 chevaux ? À Champigny ? On va sans doute lui conseiller de moins regarder de films gore.

La tête d'Éric ballotte. Il tente de fixer la lunette, au plafond ; des paquets de ouate traversent lentement le ciel. Le brouillard, encore, décidément. Cela fait quatre ou cinq jours – ou plus ? – maintenant que le garçon se traîne dans ce cul-de-sac. Sa cheville est énorme et passe par toutes les couleurs de l'arc-en-ciel. Hirsute, pâle, il tousse, il n'a même plus d'eau, le broc est vide.

Il parle tout seul. « Albert ? » Il pense à la bande du Plateau, à celle du Parc, à leur guéguerre, ces imbéciles lui manquent terriblement ; en même temps, il a tout d'un coup comme une envie formidable d'armistice, de Croix-Rouge et de drapeau blanc ; il n'y aura pas de victimes à enterrer vu qu'il n'y a pas eu de victimes tout court, heureusement, on soignera quelques bobos, on sifflera la paix, le calme, la concorde, le repos. Lui, l'apache, il fumera le calumet de la paix. Éric/Horner, même combat. Non, mieux… : Éric/Horner même entente, fini le combat. Mais il se demande tout aussitôt si une bande ou une autre ne va pas profiter de la trêve… pour repartir au combat, reprendre le terrain perdu, gagner une fois pour toutes. Aux premières heures de l'aube. En profitant du brouillard.

Toutes ces embrouilles l'agacent, le fatiguent.

Il entend un bruit, un bruit de clé, le grincement que font les serrures. Ses neurones sont aux abonnés absents. Il lui faut quelques secondes pour réaliser qu'on ouvre une porte, il y a quelqu'un qui ouvre une porte, la porte de la crypte !

Les jumeaux ? La bande du plateau ? Les Prussiens ? Albert ? Le garçon tente de se ressaisir, veut se redresser… mais il y renonce ; il se traîne comme une larve, sur les coudes, vers le couloir. La porte, tout au fond, est bien ouverte. Un grand carré de lumière blanche se découpe violemment sur le mur noir. Un instant le garçon est totalement aveuglé. Dans le chambranle se dessine une silhouette avec un bouclier qui avance lentement puis hésite. Éric attend l'ennemi, il va vendre chèrement sa peau. Enfin, il aimerait bien... Il n'a pas le temps ni la possibilité de saisir une des lances. Il veut rugir mais comprend qu'il est à moitié aphone, le son de sa voix est dérisoire.

Le chevalier au bouclier est le préposé municipal aux cérémonies et commémorations. Il porte une gerbe de fleurs et précède une petite délégation de la mairie et d'officiels. On est un matin très brumeux du 11 novembre et la tradition de refleurir l'intérieur du monument vient d'être rétablie.

Éric sombre. Trop faible, trop ému aussi, il s'abandonne, coule à pic. Selon le préposé, il a juste eu le temps de dire : « Touchez pas à Albert sinon... »

Post scriptum.

Depuis cette affaire, une rumeur circule dans le quartier du Monument, selon laquelle un des soldats de l'ossuaire hanterait les parages, racontant aux passants et aux visiteurs des histoires insensées. Mais on dit tant de choses...

DOSSIER DOCUMENTAIRE

LA BATAILLE DE CHAMPIGNY (NOVEMBRE-DÉCEMBRE 1870)

SOMMAIRE

NOTES DE L'AUTEUR

Monument de la guerre de 1870 à Champigny.

Cette histoire est une fiction. Mais le « monument » existe. La nécropole est située 47, rue du Monument, à Champigny, Val-de-Marne, et j'ai eu le privilège de la visiter. Un temps délaissé, le site est en rénovation (voir *Le Monde* du 16 décembre 2010 et du 29 juin 2013) et pourrait s'ouvrir au public en 2014.

Mon récit de la bataille de 1870 est une libre interprétation. Plusieurs documents d'archives, qui restituent les combats, sont disponibles sur Internet :
– *La Bataille de Champigny. Panorama*, d'Édouard Detaille et Alphonse de Neuville, (1882) est mis en ligne par Gallica/BNF ; ce texte est très précis sur le déroulement des trois journées et offre un plan utile des lieux et reproduit le panorama de la bataille sur 360°, dessiné par les deux peintres signataires de la brochure. Un problème toutefois : il semble présenter l'affrontement comme une victoire française !
– *Récit de la bataille de Champigny*, sans signature et sans date (après 1877), est une brochure qui fut un temps en vente sur le site.

On consultera aussi, sur le sujet, le dossier que lui consacre Wikipédia.

Le four à chaux à Champigny.

Le nom d'Albert Guiquet figure sur la plaque n° 34 de l'ossuaire, un des rares noms cités dans cette cité des morts ; il était « sergent de la 42e Ligne », avait 34 ans. Il fut, selon la plaque « reconnu le 5 septembre 1877 ». Le 42e Ligne est un des régiments qui a le plus souffert des combats.

Le nom de Maurice Levasseur (*voir chapitre X*) a été emprunté au roman *La Débâcle* d'Émile Zola (*voir dans l'entretien page 66*).

Entrée des Allemands à Champigny.

Merci à MM. Renaud Ferrand et Alain Bensoussan, de la direction Mémoire du patrimoine et des archives au ministère de la Défense ; aux responsables OnacVG (Office national des anciens combattants et victimes de guerre) de Compiègne ; et à la municipalité de Champigny (M. le maire Dominique Adenot, Mme Christiane Chavard et M. Baumgartner).

REPÈRES CHRONOLOGIQUES

1870 :

Juillet : déclenchement de la guerre franco-allemande.

4 août : défaite de Wissembourg.

2 septembre : défaite de Sedan.

4 septembre : émeute parisienne, l'Empereur est renversé.

27 octobre : chute de Metz.

9 novembre, l'armée de la Loire reprend Orléans.

30 novembre/2 décembre : bataille de Champigny.

4 décembre : les Allemands réoccupent Orléans.

1871 :

18 janvier : proclamation de l'Empire allemand dans la galerie des Glaces du château de Versailles.

28 janvier : capitulation française.

8 février : élections législatives précipitées.

26 février : traité de paix.

10 mars : l'Assemblée nationale quitte Paris pour Versailles.

18 mars/28 mai : Commune de Paris.

ENTRETIEN AVEC L'AUTEUR

Pouvez-vous rappeler le contexte dans lequel se situe la bataille de Champigny ?

Il s'agit d'un des derniers grands affrontements de la guerre de 1870. Ce conflit (*cf. chronologie*) oppose, à partir de juillet, la France de Napoléon III et un ensemble d'États allemands conduit par la Prusse. Elle se traduit, de bout en bout, par une série de défaites de l'armée française, dominée, matériellement, stratégiquement, en nombre d'hommes aussi, par son adversaire. On a un bon aperçu de cette guerre dans *La Débâcle* d'Émile Zola (1892). Ce roman conclut (c'est le 19e des 20 volumes) le cycle des « Rougon-Macquart. Histoire naturelle et sociale d'une famille sous le Second Empire ». On y voit une armée française sans chef (Napoléon III est malade), sous-équipée, probablement téméraire mais dépassée. Le romancier résume bien le désastre : c'est « le choc de la bravoure inintelligente contre le grand nombre et la froide méthode ». Le livre se termine par la Commune de Paris. J'ai repris le nom d'un des héros, le fantassin Maurice Levasseur, en hommage à cette œuvre.

Où en est-on fin novembre 1870 quand est programmée la sortie vers Champigny ?

Après Sedan et le repli des troupes sur Paris, le blocus de la capitale, la déprime est générale quand parvient une nouvelle encourageante. L'armée de la Loire (Gambetta est à la manœuvre) mènerait une contre-offensive victorieuse vers Orléans. La capitale exulte, Trochu, le chef d'état-major, concocte, à la hâte, une sortie des troupes. Objectif : briser le front ennemi du côté de Champigny puis rejoindre cette armée de la Loire. On rêve d'une jonction vers Fontainebleau, le

1er décembre… La 2e Armée, dirigée par Auguste Alexandre Ducrot, est chargée de cette opération. Elle est composée de trois corps, respectivement dirigés par le général Blanchard, le général Renault et le général d'Exéa. 80 000 hommes (on trouve d'autres chiffres, de 55 000 à 100 000), notamment les zouaves du colonel Méric, les 35e et 42e de ligne, les 113e et 114e, les mobiles de Vendée, ceux d'Ille-et-Vilaine, du Finistère, de Côte-d'Or, du Loiret et du Tarn. Un premier raid de reconnaissance tourne au fiasco (1 300 disparitions). Le passage de la Marne en crue est compliqué. Et il fait un froid terrible ; l'hiver 1870-1871 est particulièrement rigoureux. Les opérations commencent le 30 novembre ; dans la matinée, les Français reprennent Champigny, y établissent une tête de pont. Les choses se compliquent sur les hauteurs de la cité, du côté de Villiers notamment, où les Allemands ont des positions fortifiées. Ducrot, en difficulté, compte sur l'aide de d'Exéa, qui doit prendre Villiers de revers mais d'Exéa a du mal à passer la Marne et arrive trop tard. Au soir de ce premier jour, les Français sont à Champigny mais ils se sont cassé les dents sur Villiers. Ils ont perdu 5 000 hommes. Le lendemain, 1er décembre, par accord tacite, une trêve permet de chercher les blessés, de récupérer les morts, innombrables. Les Allemands pendant ce temps obtiennent des renforts, le 2e Corps saxon, le 2e Corps prussien, la brigade du 6e Corps. Et, à l'aube du 2 décembre, ils se livrent à une violente contre-offensive. Un temps, c'est la confusion côté français, l'ennemi reprend la moitié de Champigny puis la résistance s'organise avec âpreté. Mais Ducrot finalement décide de repasser la Marne.

Les morts seront enterrés plus tard à l'occasion de mini-armistices.

Ce fut donc une bataille sanglante. Les pertes françaises s'élèvent à 9 000 hommes (et 700 chevaux tués !), 3 000 du côté allemand. Ces chiffres, pour deux jours de combat, en disent la violence.

Les suites de cette bataille ?

L'opinion parisienne est accablée. De la bataille de Champigny Zola dit : « Le bruit avait couru d'une grande victoire, remporté le 2 décembre à Champigny par le général Ducrot, mais [...] dès le lendemain, abandonnant les positions conquises, il s'était vu forcé de repasser la Marne. » Quelques jours plus tard, on apprend que l'armée de la Loire est battue à son tour ; le pouvoir entame alors des pourparlers avec l'ennemi et capitule, une décision qui va compter dans l'éclatement de la Commune de Paris, en mars, mais cela est une autre histoire. On dira simplement que des généraux se montrèrent incompétents devant les Prussiens mais furent redoutables face aux Communards. Selon Zola, Mac Mahon, « le vaincu de Frœschwiller était le vainqueur du Père-Lachaise » !

Vous citez cette phrase de Valéry en exergue : « La guerre, un massacre de gens qui ne se connaissent pas au profit de gens qui se connaissent mais ne se massacrent pas »...

Elle s'applique parfaitement à ce conflit. Napoléon III, au milieu d'une armée en déroute, dans Sedan martyrisé, écrit au roi de Prusse pour demander l'armistice et commence sa lettre par « Mon cher frère... ».

Le conflit de 1870 est naturellement moins connu que celui de 1914/1918.

La guerre de 1870 est une guerre perdue, donc une guerre oubliée. On n'en garde que des souvenirs saugrenus, telle cette chanson sur la charge des cavaliers de Reichshoffen qui fit trembler, des générations durant, les fins de banquets français ! On trouve des similitudes entre ces deux guerres, la violence des combats, le poids de l'artillerie (Bazeilles, aux portes de Sedan, est une ville en ruine qui rappelle les paysages ultérieurs de Verdun), et aussi un enseignement : une paix ratée couve une guerre future.

Qui sont Albert et Éric, les héros ?

Le nom d'Albert Guiquet figure sur une plaque de la crypte ; on ne connaît pas son histoire, je lui en ai donc inventé une. Éric, un jeune d'aujourd'hui, est là pour montrer que 1870 n'est pas qu'une préoccupation d'Ancien Combattant, c'est une aventure qui nous est commune, la filiation doit se faire, la transmission s'opérer ; ce n'est jamais bon d'oublier ou d'ignorer son passé ; il ne s'agit pas de véhiculer des mythes, d'entretenir des épopées belliqueuses, mais d'inscrire notre destin collectif dans la longue succession de ces histoires qui nous font.

Quel est le sort du monument ?

Le monument est construit en 1877 alors que la perte de l'Alsace suscite une envie de revanche ; il cristallise un temps une haine nationaliste. Paul Déroulède y prononce le 3 décembre 1908 un discours dans lequel il prévient d'une « guerre inévitable ». Après la Première Guerre, le président de la République, Raymond Poincaré, vient à Champigny-la-Bataille, comme s'appela la ville un temps, le 1er décembre 1918, comme pour effacer la défaite de 1870. En 1940, les Allemands défilent à leur tour devant la nécropole. Un temps oubliée, elle est actuellement en voie de rénovation, ce qui est une petite victoire de la mémoire, et de la transmission dont je parlais.

Du même auteur, chez Oskar

L'ESPION QUI A VAINCU HITLER - RICHARD SORGE
L'histoire de Richard Sorge, journaliste, qui fut considéré comme le meilleur espion soviétique pendant la Seconde Guerre mondiale.

UN SOLDAT ALLEMAND DANS LA RÉSISTANCE FRANÇAISE
LE COURAGE DE DÉSOBÉIR
L'histoire d'Hans Heisel, soldat de la Marine allemande. Comprenant qu'il est complice d'un immense crime organisé par le régime nazi, il n'a d'autre choix que trahir son armée, son pays, pour suivre ses convictions.

BEN BELLA ET LA LIBÉRATION DE L'ALGÉRIE
L'histoire d'Ahmed Ben Bella, leader de l'indépendance algérienne, de ses combats au sein des troupes de la France Libre contre l'Allemagne nazie jusqu'à sa lutte victorieuse contre le colonialisme français.

LA GUERRE D'ALGÉRIE - DISCOURS ET TEXTES OFFICIELS
Cet ouvrage rassemble divers textes et discours autour de la guerre d'Algérie.

Dans la même thématique
Sélection de titres
publiés chez Oskar Éditeur

Pour plus d'informations, consultez notre site :
www.oskarediteur.com

Catherine Cuenca
LE SECRET DU DERNIER POILU
Eugène Ruy est le dernier des Poilus de la Grande Guerre. Laura, sa petite fille va l'interroger sur ses souvenirs de guerre et la fraternisation des soldats français et allemand.

PORTÉ DISPARU !
Septembre 1918. Cela fait sept mois que Baptiste, 17 ans, s'est engagé pour combattre les Allemands. Offensives et contre-offensives se succèdent, et les pertes sont terribles de part et d'autre. C'est pourquoi Baptiste est horrifié quand il voit Clément, son jeune cousin, le rejoindre dans les tranchées. Il va tout faire pour le protéger des horreurs du front. Tout, mais pas assez...

Guy Jimenes
MORT POUR RIEN ?
L'armistice entre les belligérants va être signé aujourd'hui, 11 novembre 1918. Un soldat raconte comment ses camarades et lui ont vécu ce dernier jour, avec la peur de mourir pour rien.

Éric Simard

LES SOLDATS QUI NE VOULAIENT PLUS SE FAIRE LA GUERRE - NOËL 1914

Le récit émouvant d'une fraternisation entre soldats ennemis à Noël en 1914.

Yves Pinguilly

RENDEZ-VOUS AU CHEMIN DES DAMES - AVRIL 1917

Une histoire forte d'amitié dans les tranchées, lors d'une des offensives les plus meurtrières de la Première Guerre mondiale.

LA FLEUR AU FUSIL

En juillet 1914, Adrien Le Cornic, jeune artilleur breton de 22 ans, a une permission pour faire les moissons dans son village de Moustéru. Il retrouve à cette occasion la jolie Marguerite, sa bien-aimée et profite de son vélo de course tout neuf pour aller jusqu'à Guingamp applaudir les coureurs du Tour de France.

Mais la guerre arrive et il est contraint de rejoindre son régiment...

Viviane Koenig / Éliane Stern

L'ÉTOILE

Document unique : témoignage bouleversant d'une petite fille de l'est de la France qui participe, à sa manière, à la Grande Guerre.

La jeune Éliane Stern a décidé d'aider les poilus devenus aveugles lors des combats. Elle rédige son "journal de guerre" : une feuille d'infos illustrée par ses soins, et qu'elle fait paraître tous les mois. Sous la plume d'Éliane, ce sont les craintes, les douleurs et les privations des gens de l'arrière qui s'expriment, mais aussi les espoirs d'une fillette attendant avec ferveur la paix et le retour de son père soldat.

Ludmilla Podkosova

IL FALLAIT SURVIVRE

Pierre et Louison, deux adolescents dans la Grande Guerre

11 novembre 1918 : c'est l'armistice. À 11 heures du matin, les canons se taisent. La petite ville de Creuzy-sur-Marne laisse enfin éclater sa joie. Louison et sa maman, elles, restent seules chez elles. L'absence du père fauché par la Grande Guerre est plus pesante encore ce jour-là. Pierre, le grand frère de Louison, n'est pas revenu, lui non plus. Est-il toujours vivant ? Dans une France à reconstruire, ce sont les femmes qui prennent la relève, et l'adolescente ne va pas rester les bras croisés.

Publié par Oskar éditeur
21, avenue de la Motte–Picquet
75007 Paris - France
Tél. : +33 (0)1 47 05 58 92
Fax : +33 (0)1 44 18 06 41
E–mail : oskar@oskareditions.com
Site Internet : www.oskareditions.com

Auteur : Gérard Streiff
Graphisme : Raphaël Hadid
Direction éditoriale : Françoise Hessel
Mise en page : David Lanzmann

Achevé d'imprimer sur rotative
par l'Imprimerie Darantiere (Quetigny-France)
en avril 2014

ISBN : 979-10-214-0202-7
Dépôt légal : avril 2014
N° d'impression : 14-0330
Imprimé en France
Loi n° 49–956 du 16 juillet 1949 sur les publications destinées à la jeunesse